AF224428

L'ASSEMBLÉE

GÉNÉRALE

DE LA PARTIE FRANÇOISE

DE SAINT-DOMINGUE

AUX FRANÇOIS.

Nous représentons les habitants d'une contrée lointaine, qui fait gloire d'être une portion de l'empire françois et de lui prodiguer les trésors des Antilles. Nous venons, à travers les mers, réclamer pour ces hommes industrieux la confirmation des loix qu'eux-mêmes ont consenties et qui doïvent opérer leur bonheur. Au moment où nous touchons le rivage de notre mere patrie, quel doux et magnifique spectacle s'offre à nos regards ! Est-ce là cette France que nous avons laissée en proie aux abus, à l'oppression et à l'intrigue ? Aujourd'hui les loix sont en vigueur ; vingt-quatre millions d'hommes

A

sont réintégrés dans leurs droits , et la plus belle des constitutions s'est élevée sur les ruines d'un gouvernement féodal et barbare.

O François , nation puissante et généreuse , nous rentrons dans votre sein , pénétrés d'amour et de respect; vous n'avez plus de vœux à former , puisque vous avez su vous rendre libres ; et la terre entiere doit un tribut d'admiration à votre courage et à votre sagesse : Municipalités , districts , départemens , institutions augustes , nous vous saluons. C'est à vous que le dépôt sacré de la liberté est confié , vous ses premieres et ses assidues sentinelles; et vous, l'avez constamment défendue dans des moments nouveaux et difficiles. Soutiens de la constitution , restaurateurs de l'ordre , véritables organes du peuple , conservez à jamais votre autorité légitime et bienfaisante , et continuez à faire jouir le royaume des fruits de votre surveillance !

Notre malheureuse contrée est bien loin de partager votre sort ; le despotisme, que vous avez banni de votre sein , s'est réfugié dans notre isle , et y a transporté toutes ses chaînes. Nul pays ne sembloit moins fait

pour subir le joug, et nul n'a été plus acca-
blé par la tyrannie. Sés premiers habitants
françois furent des flibustiers. A peine ces
hommes intrépides, dont les exploits passe-
ront peut-être pour des fables, se furent
changés en agriculteurs, et eurent consacré
leurs bras au défrichement des terres qu'ils
venoient de conquérir, que tous les genres
d'oppression fondirent sur eux. Le tabac
avoit été le premier objet de leurs soins;
mais, bientôt persécutés par une compagnie
exclusive et dévorante, ils ne tarderent pas
à en abandonner la culture.

Chose étrange ! la vexation cette fois pro-
duisit des effets salutaires : des cultures plus
florissantes succéderent à celle du tabac ; les
cannes à sucre, l'indigo, le coton, les ca-
fiers, couvrirent les plaines et les montagnes
de Saint-Domingue, qui s'éleva à un haut
degré de splendeur et devint la premiere colonie du monde. Mais combien son essor fut
arrêté par les entraves de son régime politique, et quels étonnants travaux n'eussent
pas été exécutés sous une administration
plus prospere ! Des gouverneurs, des inten-
dants, des états-majors et des milices, nous

ont désolés pendant un siecle, et ces quatre fléaux réunis ne permettoient pas aux habitants de prolonger leur résidence : chacun fatiguoit son sol, en arrachoit précipitamment quelques produits, et, avec les débris de sa fortune, regagnoit les ports de la métropole, où il espéroit trouver une vie plus paisible.

La liste des attentats auxquels on s'est porté contre nous seroit longue ; on y verroit des administrateurs interrompre sans cesse le cours des loix les plus sacrées, exigeant une obéissance aveugle pour le moindre de leurs caprices, trafiquant des plus honteux privileges, pillant le trésor public et les fortunes particulieres. On y verroit un conseil supérieur enlevé avec scandale et indignement jetté à bord d'un mauvais navire, parce qu'il avoit défendu la cause du peuple. Alors nos magistrats étoient vertueux, et n'étoient pas les esclaves soldés et méprisables des ministres de la marine. On y verroit de prétendus conseils de guerre, exécrable et derniere invention du despotisme, précipitant nos concitoyens dans des prisons, les promenant de cachots en cachots, et leur faisant

subir une mort publique et ignominieuse.
On y verroit un comte de la Luzerne, si peu
digne de la réputation qu'il avoit usurpée,
vendant des hommes libres et François au
vil agent d'une puissance étrangere qui alloit
à son tour les ensevelir dans les mines de
l'Amérique méridionale.

Tout d'un coup la renommée est venue
nous instruire de l'héroïque insurrection
des François d'Europe. La chûte de la Bas-
tille a retenti jusqu'au fond de nos cœurs,
et nous avons répandu des larmes de joie
en apprenant le triomphe de nos freres. Dès
lors nous avons cherché à les imiter, en met-
tant à profit les grandes leçons qu'ils nous
donnoient; nous nous sommes occupés des
moyens de parvenir à une régénération dont
nous avons tous besoin ; mais dès les premiers pas, quelles difficultés ne nous ont
pas été opposées ! quels efforts n'ont point
fait les partisans de l'ancien ordre des choses
pour éteindre en nous ces desirs d'un meil-
leur sort, et cette flamme patriotique qui
commençoit à se développer; on a employé
les menaces et les promesses, la séduction
et la force ; on a publié une ordonnance qui

défendoit de s'assembler au-delà du nombre
de cinq : mais toutes les entraves ont été bri-
sées , parceque le temps n'étoit plus où l'on
pouvoit priver les citoyens de leurs droits
légitimes , et que nous avons su nous em-
parer des nôtres.

Trois assemblées parurent subitement
dans les trois départements du nord de l'ouest
et du sud , et délibérerent sur ce qu'il étoit
important de statuer pour le salut commun.
En ce moment Saint-Domingue étoit sur le
penchant de l'abîme ; les poisons d'une secte
ennemie et impolitique s'introduisoient de
toute part ; et toutes les Antilles étoient sur
le point d'être transformées en un théâtre
d'horreur et de carnage. On convint que
pour travailler efficacement au bien de tous ,
il falloit convoquer une assemblée générale.

Il est difficile à des planteurs d'abandonner pour long-temps leurs foyers , de perdre
de vue des atteliers nombreux, de renoncer
à la direction de leurs manufactures ; cepen-
dant tous s'empressent de concourir à la
formation de cette assemblée , et oubliant
leurs intérêts privés, ils se montrent jaloux
de prouver que le patriotisme n'étoit pas

une vertu qui leur fût inconnue, et de té-
moigner leur gratitude envers un pays qui
leur avoit offert un beau ciel, un sol fertile,
et tous les agréments d'une vie aisée.

Les députés des diverses paroisses se réu-
nirent au mois d'avril; et l'assemblée ouvrit
la carriere de ses travaux. La tâche qu'elle
avoit à remplir étoit immense; mais elle la
mesura d'un œil ferme, et se promit bien de
ne pas tromper l'attente de ceux qui avoient
mis en elle leur confiance. Le gouverneur et
ses agens s'empresserent de la reconnoître, et
parurent même vouloir la seconder dans
ses projets: mais ce n'étoit là qu'une appa-
rence perfide; secrètement ils dirigeoient
tous leurs efforts contre elle, et cherchoient
les moyens de la perdre: l'assemblée dédai-
gna leurs complots, et posa les bases de ses
opérations en promulguant son décret du
28 mai dernier, qui sera un éternel monu-
ment de la pureté de ses intentions, qui a
réuni les suffrages de toute la partie françoise de Saint-Domingue, et qui ne contient
que les demandes les plus conformes à l'é-
quité et à la saine politique.

Les municipalités étoient ardemment de-

sirées ; l'assemblée ne crut pas pouvoir re-
tarder la dispensation de ces bienfaits qui
devoient appaiser le reste de la fermentation.
Les municipalités furent donc organisées
conformément au décret des représentants
de la nation, et sauf quelques modifications
exigées par des convenances locales. C'est
dans ces jours de félicité pour tous, et de
désespoir pour lui seul, que le pouvoir exécutif fit éclater sa rage. Il a quitté l'attitude
humble et rampante ; il a cherché à en im-
poser par le spectacle des armes ; il ne s'en
est pas tenu à ces appareils menaçants et à
l'aide des soldats ivres et parjures ; il a porté
la désolation dans la ville qui a le malheur
d'être son asile principal ; elle a été sa premiere victime.

Un des assassins (1) employés au massa-
cre du Port-au-Prince témoignoit son regret
que le sang eût trop peu coulé, et écrivoit
cette phrase horrible : « malheureusement
« le canon n'a pu se pointer assez haut » ;

---

(1) Le sieur de Cournoyer, lieutenant-colonel du
régiment du Port-au-Prince.

un autre (2) vieilli dans les maximes des oppresseurs, marquoit à l'un de ses complices : « nous allons nous débarrasser de « toutes ces municipalités ; nous avons déja « commencé par le Port-au-Prince, et nous « irons ensuite de ville en ville. »

Ce premier forfait ne suffisoit pas ; une barriere redoutable subsistoit encore ; c'étoit l'assemblée générale ; le pouvoir exécutif tenta de la détruire : ce que l'autorité même du roi ne pouvoit exécuter valablement, un comte de Peynier, instrument honteux et servile des conspirateurs contre la régénération, osa l'entreprendre ; il publia une proclamation qui déclaroit l'assemblée dissoute, et prépara sa destruction par le fer et par le feu.

A l'instant les citoyens courent aux armes, et des extrémités de l'isle s'avancent au secours de leurs représentants. Quelle fut alors notre situation ? Le moyen de détruire nos tyrans étoit entre nos mains ; mais

---

(2) Le sieur Coustard, commandant en second de la partie de l'ouest.

il falloit répandre le sang des hommes, tou-
jours si précieux , et sur-tout sous un cli-
mat qui abrege leur existence, et où leur po-
pulation est déja trop péu nombreuse. En
ce moment un saint enthousiasme nous a
élevés au-dessus de nous-mêmes ; nous nous
sommes arrêtés à une résolution qui appar-
tient peut-être au grand courage, et qui nous
commandoit le plus pénible sacrifice ; aban-
donnant tout d'un coup nos femmes, nos
enfants , nos propriétés , nous nous sommes
réunis sur le vaisseau le léopard , qui dans
cette occasion mémorable a si bien mérité
de la patrie , et nous sommes venus deman-
der justice au sein de la nation même.

Un semblable dévouement ne sera pas
perdu ; nous nous croirions coupables de
douter de notre cause, puisqu'elle est celle
de la France entiere. En effet le voile est
levé ; les ministres, qui long-temps nous ont
considérés comme leur patrimoine, ont été
forcés de révéler notre importance ; nul
François aujourd'hui n'ignore que le sort
de notre colonie est tellement lié à celui
de la métropole, que la plaie qui nous seroit mortellement faite entraîneroit rapi-
dement la ruine de cette derniere.

Les habitants de Saint-Domingue embras-
sent et font fleurir plus de trois cents lieues
de côtes ; leurs denrées completent le char-
gement de plus de mille navires ; c'est par
eux que s'entretient une marine formida-
ble , d'opulentes cités leur doivent ou leur
agrandissement ou leur existence ; ils exci-
tent les arts et l'agriculture ; leurs produc-
tions font pencher la balance dans les mar-
chés de l'Europe , et fournissent enfin à plu-
sieurs millions de François leur nourriture
journaliere.

Voilà le pays pour lequel nous réclamons
la part de félicité qu'il a lieu de se promet-
tre. Il est las de souffrir sans qu'aucuns
adoucissements soient apportés à ses maux.
Il renoncera à la richesse pour se procurer
des biens plus désirables ; et il a juré aux
oppresseurs une guerre éternelle. Sans doute
nos compatriotes du continent nous sou-
tiendront dans notre essor vers la régénération ; ils mêleront leurs voix à la nôtre ,
et nous couvriront du bouclier impénétra-
ble qui les protege contre la tyranie. Ils ne
laisseront pas sous le joug des milliers de
François qui bravent le feu de la zone tor-

ride , et qui ont déja tant à souffrir de leur éloignement de la mere patrie.

Nous ne parlons pas de nous-mêmes, nous avons déja oublié nos injures personnelles , et nous ne sommes occupés que de ceux que nous représentons. Qu'ils soient heu‑reux , et nous aurons le prix de nos peines !

Ils esperent que le monarque qui a tout fait pour le salut de l'empire , ne refusera pas de les délivrer d'un comte de la Lu‑zerne , qui a trop recherché et trop mérité leur haine ; que leur pays ne sera pas long‑temps souillé par la présence des agents du pouvoir exécutif, qui ont rempli leurs villes de meurtres, et que ces ennemis publics se‑ront livrés aux loix vengeresses.

Ils esperent que leurs municipalités et les assemblées de départements, les colonnes du temple de la liberté , pourront enfin s'élever et s'affermir sans obstacle ; que le gouver‑neur sera dépouillé de son autorité despo‑tique ; et qu'il leur sera loisible de congé‑dier un intendant qui délapide leurs finan‑ces.

Ils esperent qu'ils seront dispensés de payer et de nourrir des états-majors hau‑

tains et superflus ; de payer et de nourrir
des régiments assassins, qui ne savent obéir
qu'à des ordres atroces ; de payer et de nourrir des juges prévaricateurs et avides.

Ils esperent qu'on leur accordera la fa-
culté de posséder dans leur sein des gardes
nationales soldées, uniquement subordon-
nées aux jurisdictions municipales, et char-
gées d'entretenir la tranquillité et le bon
ordre.

Ils esperent que leurs vicieuses milices
seront totalement réformées, que le nom
même en sera anéanti, comme rappellant
un souvenir funeste ; qu'à leur place des
gardes patriotes se dévoueront au maintien
de la prospérité publique, n'ambitionnant
que la seule gloire d'être utiles, et sans que
jamais de vains honneurs puissent les sé-
duire.

Ils esperent que des forces maritimes,
seul boulevard de leurs rivages, les met-
tront à l'abri de toute invasion étrangere ;
si toutefois il est une nation qui ose atta-
quer les possessions de la France, lorsque
les François pourront déployer toutes leurs
forces et manifester leur toute-puissance.

'Ah ! sur-tout ils esperent qu'ils jouiront du droit de faire leurs loix intérieures et domestiques, que l'on appercevra la nécessité de ne pas leur disputer ce premier article de la constitution qu'ils sollicitent, et sans lequel tout le reste est pour eux inutile et dérisoire. On sentira que leurs législateurs doivent exister au milieu d'eux, connoître leur sol, leurs besoins, leurs habitudes, et que toute loi qui n'est pas née dans leur isle, qu'ils n'ont pas délibérée et consentie, ne sauroit y obtenir une juste obéissance.

Tels sont les vœux des habitants de Saint-Domingue. C'est lorsque ces vœux auront été accomplis, que leur isle superbe brillera de tout son éclat : la culture y recevra des accroissemens immenses ; les hommes laborieux de la métropole pourront y accourir en foule, ils recevront un accueil fraternel et aideront à féconder une terre qui paiera leurs travaux avec usure, et sur laquelle ne se leveront plus que des jours calmes et paisibles. La mer sera étonnée du nombre des vaisseaux qui emporteront les produits de l'industrie coloniale : malgré l'intervalle qui les sépare, d'indissolubles liens uniront la France et les Antilles, et les siecles ne pourront pas rompre un pacte fondé sur l'utilité, la justice et la reconnoissance.

Les membres de l'assemblée générale de la partie françoise de Saint-Domingue.

Signés, DAUGY, président,

DE BOURCEL, vice-président,

LE RAY DE LA CLARTAIS,
VENAULT DE CHARMILLY,
DAUBONNEAU,
DENIX,
} secrétaires.

A bord du Léopard, en rade de Brest, le 13 Septembre 1790.

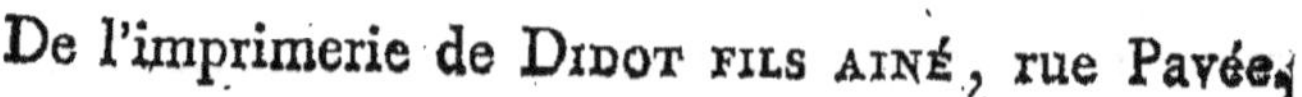

De l'imprimerie de DIDOT FILS AINÉ, rue Pavée.